Die schönsten
Märchen
der Brüder Grimm

Vorwort

Jacob Ludwig Karl Grimm wurde 1785 in Hanau geboren. Sein Bruder Wilhelm Karl kam ein Jahr später zur Welt. Die beiden Sprach- und Literaturwissenschaftler liebten die alten Märchen, die überall in Deutschland erzählt wurden. 1812 brachten sie den ersten Band der „Kinder- und Hausmärchen" heraus. Einige dieser Märchen wurden schon seit vielen hundert Jahren von Generation zu Generation weitergegeben und bezaubern seitdem Jung und Alt mit ihrer Mischung aus Magie, Geheimnis und uralten Weisheiten.

Jedes Mal, wenn so eine alte Geschichte erzählt wird, verändert sie ein wenig ihren Charakter. Stets wird sie aufs Neue dem Stil des Erzählers angepasst. Und so erzählt auch dieses Buch mit seinen Bildern die Märchen auf seine eigene Weise.

*Bilder können so manches verstecken,
schau nur genau in allen Ecken.
Auf jeder Seite, mal groß,
mal klein,
muss irgendwo ein Fischlein sein.*

Die schönsten Märchen der Brüder Grimm

Illustriert von
Cathie Shuttleworth

Nacherzählt von
Cornelia Franz

ISBN 3-8212-2808-3

Verantwortlich für die deutsche Ausgabe:
Copyright © Xenos Verlagsges. m.b.H.
Am Hehsel 40, 22339 Hamburg
Redaktion: Nicola Baxter
Typo: Traute Frost, Hamburg
Satz: KCS GmbH, Buchholz/Hamburg
Copyright der englischen Originalausgabe:
© 1997 Bookmart Limited, Desford Road, Enderby, Leicester LE9 5AD
Printed in Italy

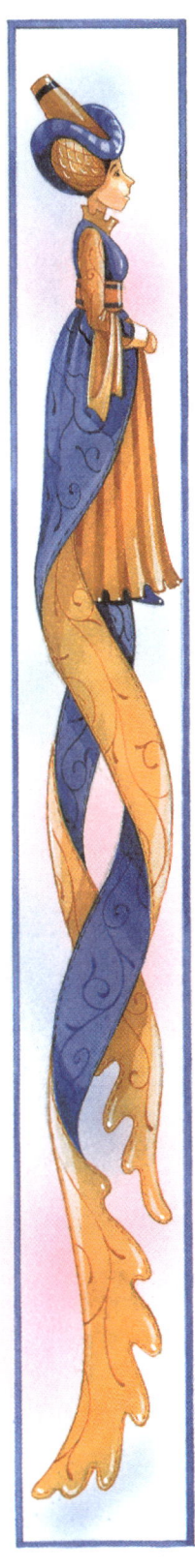

INHALT

Hänsel und Gretel   6

Dornröschen   12

Der Froschkönig   18

Die Bremer Stadtmusikanten   24

Rotkäppchen   30

Schneewittchen und die

sieben Zwerge   36

Rapunzel   46

Rumpelstilzchen   54

Hänsel und Gretel

Im großen, dunklen Wald lebten ein Holzhacker und seine Frau mit ihren Kindern, die hießen Hänsel und Gretel. Sie waren arm wie die Kirchenmäuse. Und als eine Teuerung über das Land kam, da hatten sie kaum noch etwas zu essen.

Die Not hatte das Herz der guten Frau hart gemacht und sie wusste oft nicht aus noch ein. Und so sprach sie eines Abends zu ihrem Mann: „Wir müssen die Kinder hinaus in den Wald führen, wenn wir nicht alle hungers sterben wollen. Ein Stückchen Brot sollen sie noch haben, aber dann lassen wir sie zurück."

Da wurde dem Holzfäller schrecklich bang ums Herz. Doch auch er wusste keinen anderen Rat.

Die Kinder, die vor Hunger nicht schlafen konnten, hatten den Plan der Mutter gehört und erschraken sehr. „Weine nicht, Gretel, ich werde uns schon helfen", versuchte Hänsel die Schwester zu trösten.

Als die Familie am nächsten Tag in den Wald ging, ließ Hänsel Brotkrumen fallen, um den Heimweg wieder zu finden. Doch die Vögel pickten die Krumen auf. So fanden die Kinder den Heimweg nicht mehr und verirrten sich immer tiefer im Wald.

Hungrig und ängstlich gingen Hänsel und Gretel durch den Wald. Plötzlich entdeckten sie ein wundersames Häuschen!

Es war ganz aus Lebkuchen und Zucker gebaut, sodass sie sofort ein Stückchen davon probieren mussten.

Da rief eine Stimme: „Knusper, knusper, Knäuschen, wer knuspert an meinem Häuschen?"

Eine alte Frau trat vor die Tür und lockte die erschrockenen Kinder freundlich ins Haus.

Die Frau war aber eine böse Hexe und sie steckte Hänsel in einen Käfig. „Ich werde dich essen, wenn du nicht mehr so mager bist", sagte sie.

Gretel sollte fortan für die Hexe arbeiten. Hänsel aber musste jeden Tag seinen Finger zum Käfig hinausstrecken, damit die Alte fühlen konnte, ob er schon fetter geworden war. Doch weil er ihr stets einen Hühnerknochen hinhielt, wunderte sich die Hexe, dass der Junge nicht dicker wurde. Eines Tages verlor sie die Geduld.

„Schüre das Feuer", sagte sie zu Gretel, „kriech in den Herd und schau nach, ob er schon heiß genug ist."

Doch Gretel ahnte, dass die Hexe Böses im Sinn hatte. „Ich weiß nicht, wie ich das machen soll", antwortete sie deshalb.

Als darauf die Alte selbst den Kopf in den Ofen steckte, stieß Gretel sie hinein und schob flugs den Riegel vor die eiserne Tür. Schnell lief sie zu Hänsel und befreite ihn.

Überglücklich sammelten die Kinder die Schätze der Hexe zusammen und machten sich auf den Heimweg.

Den ganzen Tag irrten sie durch den Wald, doch schließlich fanden sie die Hütte der Eltern. Sie waren wieder zu Hause!

Die Eltern aber hatten keine einzige frohe Stunde gehabt vor Angst um ihre Kinder. Wie staunten sie, als Hänsel und Gretel die Edelsteine der Hexe zeigten. Von da an lebten sie ohne Hunger und ohne Sorgen.

DORNRÖSCHEN

Es waren einmal ein König und eine Königin, die wünschten sich ein Kind. Als sie schließlich eine Tochter bekamen, waren sie überglücklich. „Lasst uns ein prächtiges Fest feiern", sagte der König stolz.

Die wichtigsten unter den vielen, vielen Gästen waren die Feen des Landes. Davon gab es dreizehn im Königreich. Doch da man nur zwölf goldene Teller hatte, lud man die Dreizehnte nicht ein.

Die Feen beschenkten das Kind mit ihren Wundergaben: mit Schönheit, Reichtum und Güte und mit allem, was auf der Welt zu wünschen ist.

Als die elfte Fee gerade ihren Spruch getan hatte, sprang plötzlich die Tür auf.

Die dreizehnte Fee trat ein!

Sie war beleidigt, dass sie nicht eingeladen worden war, und rief:

„An ihrem fünfzehnten Geburtstag soll sich die Königstocher an einer Spindel stechen und tot hinfallen!"

Sie rauschte hinaus und ließ die Festgesellschaft stumm vor Schreck zurück.

Zum Glück hatte die zwölfte Fee ihren Wunsch noch nicht gesprochen. Und so sagte sie:

„Ich kann den Fluch nicht aufheben, ich kann ihn nur mildern. Die Prinzessin wird sich stechen, aber sie soll nicht sterben, sondern in einen hundertjährigen Schlaf fallen."

Der König ließ alle Spindeln im Land verbrennen, und bald vergaß man den Fluch. Die Jahre vergingen und das Mädchen wurde so schön und gütig, wie es die Feen versprochen hatten.

An ihrem fünfzehnten Geburtstag durchstreifte die Prinzessin allein das Schloss. Als sie zu einem Turm kam, stieg sie neugierig hinauf und gelangte zu einer Tür. Kaum hatte sie den rostigen Schlüssel umgedreht, da sprang die Tür auf.

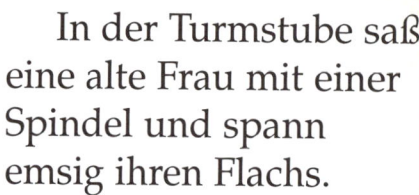

In der Turmstube saß eine alte Frau mit einer Spindel und spann emsig ihren Flachs.

„Guten Tag, Mütterchen, was machst du da?",
fragte die Königstochter.

„Ich spinne einen Faden", antwortete die Alte.

„Und was ist das für ein Ding, das da so lustig herumspringt?", fragte das Mädchen weiter und zeigte auf die Spindel. Und ehe sie sich versah, da hatte sie sich schon gestochen und fiel in einen tiefen, tiefen Schlaf.

Im selben Moment überkam alle im Schloss

eine große Müdigkeit. Der König und die Königin schliefen ein und mit ihnen der ganze Hofstaat. Auch die Pferde im Stall, die Hunde im Hof und die Tauben auf dem Dach legten sich schlafen. Selbst der Wind wurde still und kein Blatt regte sich mehr.

Rings um das Schloss begann eine Dornenhecke zu wachsen, die niemanden hindurchließ. Als nun genau hundert Jahre vergangen waren, da kam ein fremder Prinz ins Land, der hörte die Sage vom schlafenden Dornröschen. Und als er zu dem verwunschenen Schloss kam, da verwandelten sich die Dornen in Rosen. Die Hecke tat sich auf wundersame Weise auf und ließ den staunenden Jüngling durch.

Welch Anblick bot sich ihm! Alles lag in tiefem Schlaf: die Tiere im Stall, der ganze Hofstaat und selbst die Fliegen an der Wand. Endlich kam er zu der Turmstube, wo er die schlafende Prinzessin fand. So schön war sie, dass der Prinz sich zu ihr beugte und sie küsste.

Da schlug die Prinzessin die Augen auf. Froh lächelte sie den Königssohn an, und gemeinsam stiegen sie den Turm hinunter. Gerade erwachte auch das Schloss. Der König gähnte, die Hunde bellten, die Tauben gurrten. Und der Koch konnte endlich dem Küchenjungen die Ohrfeige geben, die er ihm vor hundert Jahren schon geben wollte.

Nun wurde wieder ein großes Fest gefeiert. Aber diesmal war es die Hochzeit des jungen Königspaares!

Der Froschkönig

In den alten Zeiten, als das Wünschen noch geholfen hat, lebte ein König, der hatte sieben wunderschöne Töchter.

Die jüngste aber war die schönste von allen. Sie liebte es, bei Sonnenschein an einem kühlen Brunnen im Wald mit ihrer goldenen Kugel zu spielen.

Eines Tages jedoch fiel ihr die Kugel ins Wasser hinein, und die Prinzessin weinte bitterlich.

Da tauchte ein dicker, hässlicher Frosch aus dem Brunnen auf. „Was gibst du mir, wenn ich deine Kugel wieder heraufhole?", fragte er.

„Alles, was ich besitze", rief die Prinzessin.

„Das will ich nicht", sagte der Frosch, „ich will dein Freund sein, an deinem Tisch sitzen, von deinem Teller essen und in deinem Bett schlafen!"

Da versprach sie ihm, was er wollte.

Und so tauchte der Frosch tief hinab und brachte der Prinzessin ihr liebstes Spielzeug wieder.

Die Prinzessin dachte jedoch nicht daran, ihr Versprechen zu halten. Sie eilte nach Hause und achtete nicht auf das Quaken des Frosches.

Am Abend saßen alle beim Essen. Da hörten sie eine Stimme. „Königstochter, jüngste, mach mir auf!"

Die Prinzessin erschrak und wollte nicht öffnen. Der König sah, wie sie blass wurde. „Wer ist das?", fragte er.

„Ein garstiger Frosch!", rief die Prinzessin und erzählte, was passiert war.

„Was du versprochen hast, das musst du auch halten", sagte der König.

So ließ die Prinzessin also den Frosch herein.

Da saß er nun neben ihr, aß von ihrem Teller und ließ es sich gut gehen.

Der Prinzessin dagegen blieb jeder Bissen im Halse stecken. Ach, sie hatte geglaubt, dass der Frosch niemals den Weg ins Schloss finden würde!

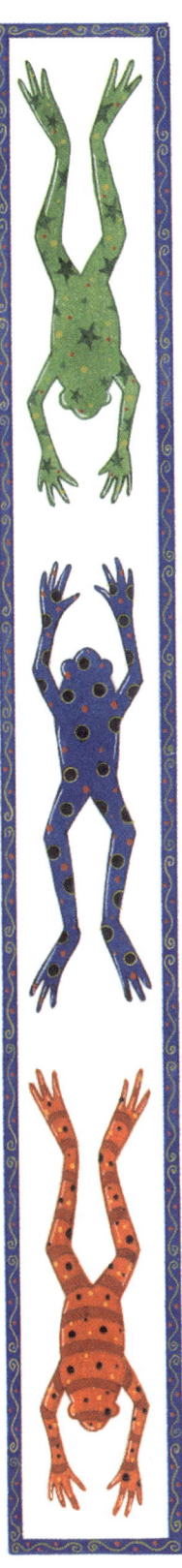

Endlich hatte sich der Frosch satt gegessen.

„Trag mich in deine Kammer", quakte er. „Ich bin müde und möchte zu Bett gehen."

Die Prinzessin war entsetzt. Doch ihr Vater erinnerte sie an ihr Versprechen.

Und so nahm sie den Frosch mit zwei Fingern, trug ihn in ihr Zimmer und setzte ihn in eine Ecke.

Aber als sie im Bett lag, watschelte er heran und schaute zu ihr hoch. „Heb mich herauf, sonst sag ich's deinem Vater", drohte er.

Da wurde die Prinzessin bitterböse, nahm den Frosch und warf ihn mit aller Kraft gegen die Wand.

„Nun hast du Ruhe, du garstiger Frosch!"

Aber als der Frosch von der Wand fiel, da verwandelte er sich plötzlich in einen schönen, freundlichen Prinzen!

„Eine Hexe hatte mich verwünscht. Niemand konnte mich erlösen als du allein", sagte er.

So wurden die beiden ein Paar und sie beschlossen für immer zusammenzubleiben.

Am anderen Morgen fuhr eine goldene Kutsche vor. Darauf saß Heinrich, der treue Diener des Prinzen. Als er den Königssohn sah, wurde sein Herz ganz leicht vor Freude. Und gemeinsam fuhren die drei heim in das Land des jungen Königs.

Die Bremer Stadtmusikanten

Ein Esel hatte schon lange die Säcke unverdrossen zur Mühle getragen. Nun aber gingen seine Kräfte zu Ende und sein Herr dachte daran, ihn aus dem Futter zu schaffen.

Der Esel merkte, dass ihm kein guter Wind wehte. Und so lief er fort und machte sich auf den Weg nach Bremen.

„Ich könnte dort Stadtmusikant werden", dachte er, „die Laute kann ich wohl noch schlagen."

Als der Esel ein Weilchen gegangen war, fand er einen Jagdhund auf dem Wege liegen. Der japste wie einer, der sich müde gelaufen hat.

„Nun, was japst du so, Packan?", fragte der Esel.

„Ach", sagte der Hund, „weil ich alt und schwach bin, wollte mein Herr mich loswerden. Aber womit soll ich mir nun selbst mein Brot verdienen?"

„Komm mit mir nach Bremen und werde Stadtmusikant", antwortete der Esel. „Du kannst die Pauke schlagen."

So gingen sie zusammen weiter. Bald trafen sie eine Katze, die machte ein Gesicht wie drei Tage Regenwetter.

„Nun, was ist dir in die Quere gekommen, alter Bartputzer?", fragte der Esel.

„Weil ich alt bin und meine Zähne stumpf werden, lachen die Mäuse über mich und meine Herrin wollte mich ersäufen", jammerte die Katze.

Da rief der Esel: „Komm mit uns. Wir wollen Musikanten werden, und du

verstehst dich doch auf die Nachtmusik."

Die Katze hielt das für gut und ging mit. Es dauerte nicht lange, da kamen sie an einem Hof vorbei, dort saß ein Hahn auf dem Tor und schrie aus Leibeskräften.

„Was machst du für ein Geschrei?", fragte der Esel.

„Ich schrei, solange ich noch kann", antwortete der Hahn. „Morgen wird es ein Festessen geben und ich soll in der Suppe serviert werden!"

„Ei was, du Rotkopf", meinte der Esel, „zieh lieber mit uns nach Bremen. Etwas Besseres als den Tod findest du dort allemal. Du hast eine gute Stimme. Wir könnten gemeinsam musizieren."

Der Hahn ließ sich den Vorschlag gefallen, und so machten sie sich alle zusammen auf den Weg nach Bremen.

Am Abend suchten sie im Wald einen Platz zum Übernachten. Da sah der Hahn von einem Baum aus einen hellen Schein in der Ferne.

Als die vier näher kamen, erkannten sie, dass das Licht aus einem Haus drang. Der Esel schaute zum Fenster hinein. „Ein reich gedeckter Tisch!", rief er. „Räuber sitzen daran und lassen es sich wohl gehen. Das wäre was für uns."

Und so erdachten sie einen Plan, um die Räuber davonzujagen. Der Esel stellte die Vorderfüße auf das Fenster. Der Hund sprang auf den Rücken des Esels. Die Katze kletterte noch obendrauf. Zum Schluss flog der Hahn auf den Kopf der Katze.

Und dann begannen sie ihre Musik zu machen. Es klang Furcht erregend!

„Ein Gespenst!", schrien die Räuber, als plötzlich die Tiere zum Fenster hineinstürmten. „Nur weg hier!"

In großer Furcht rannten die Bösewichte in den Wald hinaus. Der Esel, der Hund, die Katze und der Hahn aber ließen sich am Tisch nieder und aßen, als ob sie vier Wochen lang nichts zu essen bekämen. Als sie endlich genug hatten, suchte sich jeder einen bequemen Schlafplatz. Müde von ihrem langen Weg löschten sie das Licht und schliefen bald tief und fest.

Als Mitternacht vorbei war, da sahen die Räuber, dass es still war im Haus. „Wir hätten uns nicht so ins Bockshorn jagen lassen sollen", sagte der Hauptmann. Er schickte einen seiner Kumpane, der sollte sich noch einmal das Haus besehen. Vorsichtig schlich sich der Räuber in die Küche.

Doch im Dunkeln weckte er die Katze, die auf dem Küchenherd schlief. Krrr! sprang sie ihn an und zerkratzte ihm die Wangen.

Der Räuber erschrak und wollte zur Hintertür hinaus. Doch da lag der Hund! Und schnapp! biss er den Mann ins Bein.

Als der darauf wie wild davonrannte, gab ihm der Esel noch einen Schlag mit dem Hinterfuß. Und der Hahn schrie ihm mit aller Kraft sein „Kikeriki" hinterher.

Schlotternd vor Angst erzählte der Räuber dem Hauptmann: „Eine Hexe hat mir das Gesicht zerkratzt und vor der Tür stach mir ein Mann mit dem Messer ins Bein. Auf dem Hof hat man mich mit der Keule geschlagen und vom Dach schrie der Richter hinter mir her!"

Entsetzt stoben die Räuber davon! Die vier Musikanten aber blieben für immer.

ROTKÄPPCHEN

Es war einmal ein kleines Mädchen, das hatte jedermann lieb, der es nur ansah, am allerliebsten aber seine Großmutter. Diese schenkte dem Kind ein Käppchen von rotem Samt. Und weil das Mädchen die Kappe gar nicht mehr absetzen wollte, hieß es nur noch das Rotkäppchen.

Eines Tages wurde die Großmutter krank, und die Mutter rief das Rotkäppchen.

„Hier hast du einen Korb mit Kuchen und einer Flasche Wein", sagte sie. „Bring das der Großmutter, es wird ihr gut tun. Aber lauf nicht vom Weg ab und pass gut auf dich auf!"

„Das will ich wohl machen", antwortete Rotkäppchen und gab ihr die Hand darauf.

Die Großmutter wohnte draußen im Wald, eine halbe Stunde vom Dorf. Rotkäppchen machte sich auf den Weg in den Wald.

Dort begegnete ihr der Wolf. Das Mädchen wusste aber nicht, wie böse der Wolf sein konnte,

und fürchtete sich nicht. „Guten Tag, Rotkäppchen", sagte der Wolf, „wohin geht's so früh?"

„Der kranken Großmutter Wein und Kuchen bringen", antwortete Rotkäppchen höflich. Und als der Wolf fragte, wo die Großmutter denn wohne, beschrieb sie ihm den Weg.

Der Wolf ging eine Weile neben ihr her, dann sprach er: „Du gehst so schnell, als wenn du zur Schule gingest. Sieh doch nur die schönen Blumen."

Rotkäppchen schaute sich um. Ja, wie tanzten die Sonnenstrahlen durch die Bäume! Wie stand alles schön voller Blumen! „Ich werde der Großmutter einen Strauß pflücken", dachte sie und lief vom Weg ab.

Der Wolf aber lief schnell zum Haus der Großmutter und klopfte an die Tür.

„Komm nur rein, mein Kind", rief die alte Frau. Mit einem Satz war der Wolf in der Stube, sprang zur Großmutter und fraß sie auf.

Als Rotkäppchen endlich zum Haus der Großmutter kam, wunderte sie sich, dass die Tür

nicht verschlossen war. Und in der Stube kam es ihr so seltsam vor, dass ihr ganz bang zumute wurde. Die Vorhänge waren zu und die Großmutter hatte die Haube tief ins Gesicht gezogen.

So wunderlich sah die Großmutter aus, dass Rotkäppchen schüchtern fragte:

„Ei, Großmutter, was hast du für große Ohren?"

„Damit ich dich besser hören kann."

„Und Großmutter, was hast du für große Augen?!"

„Damit ich dich besser sehen kann."
„Ei, Großmutter, was hast du für große Hände!"
„Damit ich dich besser packen kann."
„Aber, Großmutter, was hast du für ein entsetzlich großes Maul!"
„Damit ich dich besser fressen kann!"
Kaum hatte der Wolf den letzten Satz gesagt, da sprang er aus dem Bett und verschlang das arme Rotkäppchen. Darauf wurde er müde. Er legte sich wieder ins Bett, schlief ein und fing zu schnarchen an.
Der Jäger, der gerade am Haus vorbeikam, hörte das.
„Wie laut die alte Frau heut schnarcht", dachte er, „ich will doch mal sehen, ob alles in Ordnung ist."
Als er zum Bett in der Stube trat, sah er den Wolf darin liegen. „Finde ich dich hier, alter Sünder", sagte er. „Ich hab dich lange gesucht."
Er wollte gerade seine Flinte anlegen, da fiel ihm die Großmutter ein.

"Wenn nun der Wolf die Großmutter gefressen hat", dachte der Jäger, "dann kann ich sie vielleicht noch retten."

Und so nahm er eine Schere und schnitt dem schlafenden Wolf den Bauch auf.

Wie staunte er, als da nicht nur die Großmutter herauskletterte, sondern auch Rotkäppchen.

Das Mädchen sprang gleich aus dem Haus und holte ein paar große Steine. Damit füllten sie dem Wolf den Leib, sodass er daran sterben musste. Rotkäppchen aber versprach der Großmutter, nie mehr vom Wege abzugehen.

Schneewittchen und die sieben Zwerge

An einem kalten Wintertag saß eine Königin am Fenster und nähte. Da stach sie sich in den Finger, und drei Tropfen Blut fielen in den Schnee.

„Wie schön das aussieht", dachte die Königin. „Ich hätte gerne ein Kind, so weiß wie Schnee, so rot wie Blut und so schwarz wie das Ebenholz des Fensterrahmens."

Bald darauf bekam sie ein Töchterlein. So weiß war dessen Haut, so rot die Lippen und so schwarz die Haare, dass es Schneewittchen genannt wurde. Und als das Kind geboren war, da starb die Königin.

Ein Jahr war vergangen, als sich der König eine neue Frau nahm. Die Frau war sehr schön. Aber sie war so stolz und hochmütig, dass niemand sie an Schönheit übertreffen sollte. Sie hatte einen wundersamen Spiegel. In den schaute sie jeden Tag und stellte ihm stets dieselbe Frage:

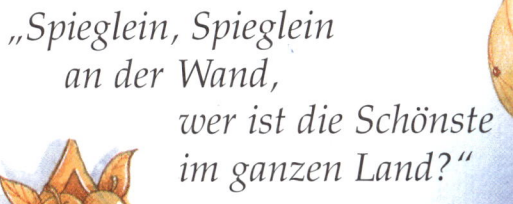

„Spieglein, Spieglein an der Wand,
wer ist die Schönste im ganzen Land?"

Und der Spiegel antwortete jedes Mal:

„Frau Königin, Ihr seid die Schönste im ganzen Land."

Schneewittchen aber wuchs heran und wurde immer schöner. Und mit sieben Jahren war sie schön wie der klare Tag.

Und so antwortete der Spiegel, als die Königin ihre Frage stellte:

"Frau Königin, Ihr seid die Schönste hier, aber Schneewittchen ist tausendmal schöner als Ihr."

Da begann die Königin das Mädchen zu hassen und der Neid wuchs in ihrem Herzen wie Unkraut. Sie fand keine Ruhe mehr, bis sie endlich einen Jäger zu sich rief und ihm befahl:

„Führe Schneewittchen in den Wald. Und wenn du zurückkommst, will ich sicher sein, dass sie tot ist."

Doch als sie im Wald waren, bekam der Jäger Mitleid mit dem Kind. Da es ihm versprach, nie mehr zum Schloss zurückzukehren, ließ er es laufen.

Schneewittchen irrte nun durch den Wald und wusste nicht wohin. Als es Abend wurde, kam sie an ein Häuschen und ging hinein um sich auszuruhen.

Was war das für eine merkwürdige Stube! Alles war so zierlich und klein! Da stand ein Tischlein mit sieben kleinen Tellern und dazu gab es sieben Löffelein, sieben Gäbelein und sieben Becherlein. Schneewittchen war so hungrig, sie aß und trank von jedem Platz ein wenig. Dann legte sie sich in eines der winzigen Bettchen und schlief ein.

In dem Häuschen wohnten sieben Zwerge. Als sie nach Hause kamen, riefen sie verwundert: „Wer hat von meinem Tellerchen gegessen?" – „Und wer hat aus meinem Becherlein getrunken?" Schließlich entdeckten sie das schlafende Kind. Die Zwerge freuten sich über das schöne Schneewittchen. Dieses aber erschrak zuerst, als sie am Morgen die Zwerge sah. Doch die Zwerge waren freundlich zu ihr.

Da erzählte sie, was ihr widerfahren war.
„Du kannst bei uns bleiben!", riefen da die Zwerge. „Wir brauchen jemanden, der uns den Haushalt führt."
Und so blieb Schneewittchen bei den sieben Zwergen und kochte, putzte und nähte für sie.

Die Königin aber glaubte, dass Schneewittchen längst tot sei. Wie erschrak sie, als sie den Spiegel sagen hörte: „Ihr seid die Schönste hier, aber Schneewittchen, über den Bergen, bei den sieben Zwergen, ist noch tausendmal schöner als Ihr."

Das Mädchen lebte also noch! Da machte sie sich auf den Weg über die Berge. Als Krämerin verkleidet, klopfte sie an die Tür des Zwergenhauses und bot Schneewittchen bunte Bänder und Kämme an. Die freute sich über die Abwechslung und ließ die fremde Frau ins Haus.

Kaum hatte Schneewittchen einen Kamm, den die Königin vergiftet hatte, ins Haar gesteckt, als sie wie tot umfiel.

Zufrieden eilte die Königin nach Hause.

Abends fanden die Zwerge ihr Schneewittchen, sie zogen den Kamm aus dem Haar und – welche Freude! – das Mädchen lebte noch!

„Das ist deine Stiefmutter gewesen", sagten sie. Und Schneewittchen versprach, nie wieder eine Fremde ins Haus zu lassen.

Die böse Königin aber erfuhr von ihrem Spiegel, dass Schneewittchen immer noch lebte. Zornig ersann sie eine neue List.

Als einige Tage später eine Bäuerin Schneewittchen schöne glänzende Äpfel anbot, ließ diese die Fremde nicht hinein und wollte auch nichts nehmen. Aber die verkleidete Königin teilte einen Apfel, biss von der einen Hälfte selbst ab und reichte Schneewittchen die andere: „Sieh nur, wie gut der Apfel ist." Da nahm das arglose Schneewittchen die vergiftete Hälfte und aß davon.

Diesmal konnten die Zwerge Schneewittchen nicht mehr retten. Das liebe Mädchen war und blieb tot. Da weinten die Zwerge bitterlich. Und weil sie das zarte, schöne Schneewittchen nicht in der dunklen Erde begraben mochten, legten sie es in einen gläsernen Sarg.

Dann hielten sie Wache bei dem Sarg, und auch die Tiere des Waldes kamen und beweinten das Mädchen.

Eines Tages nun kam ein Königssohn in den Wald. Und als er das schöne Schneewittchen so liegen sah, da wollte er nie mehr von ihm gehen.

„Lasst mir den Sarg", sagte er zu den Zwergen, „ich gebe euch, was ihr wollt."

Die Zwerge wollten den Sarg nicht hergeben. Doch als sie sahen, wie sehr der Prinz um das tote Mädchen litt, da ließen sie ihm den Sarg.

Als nun die Diener des Prinzen den Sarg forttragen wollten, da stolperten sie. Es gab einen Ruck, der Apfel fuhr dem Mädchen aus dem Hals. Es erwachte zum Leben und blickte geradewegs in die Augen des Prinzen, der es voll Liebe ansah. Da wollte es gern für immer mit ihm gehen.

Welch prächtige Hochzeit wurde nun gefeiert! Auch die böse Stiefmutter war eingeladen. Als die aber sah, dass die schöne junge Königin niemand anderes als Schneewittchen war, da starb sie vor Gram.

Rapunzel

Es waren einmal ein Mann und eine Frau, die wünschten sich lange vergeblich ein Kind. Endlich machte sich die Frau Hoffnung, ihr Wunsch werde in Erfüllung gehen. In dieser Zeit saß sie oft träumend am Fenster und sah hinaus.

Der Nachbarsgarten, in den sie schaute, stand voll mit den schönsten Blumen und Kräutern. Er gehörte aber einer mächtigen Zauberin, vor der alle Welt sich fürchtete.

Eines Tages entdeckte die Frau ein Beet mit Rapunzeln, die waren so frisch und grün, dass sie ein großes Verlangen danach bekam.

„Ich sterbe, wenn ich nicht von den Rapunzeln essen kann", sagte sie zu ihrem Mann.

Als dieser sah, wie blass und elend seine liebe Frau plötzlich war, versprach er, in den Garten der Nachbarin zu steigen.

Doch als seine Frau von den Rapunzeln gegessen hatte, da musste sie noch mehr haben. Und wieder schickte sie ihren Mann.

Dieses Mal aber erwischte ihn die Zauberin.

„Wie kannst du es wagen, meine Rapunzeln zu stehlen?", herrschte sie ihn an.

Da erzählte der Mann der Zauberin, wie es sich zugetragen hatte.

„Nun gut", antwortete sie, „so nimm dir ruhig von den Rapunzeln. Aber du musst mir dafür das Kind geben, dass deine Frau zur Welt bringen wird. Ich will für es sorgen wie eine Mutter."

In seiner Not willigte der Mann ein. Und als das Kind geboren wurde, da half kein Bitten und Klagen. Die Zauberin nahm es mit sich und gab ihm den Namen Rapunzel. Das kleine Mädchen wuchs heran und wurde das schönste Kind unter der Sonne. Es fehlte ihm an nichts.

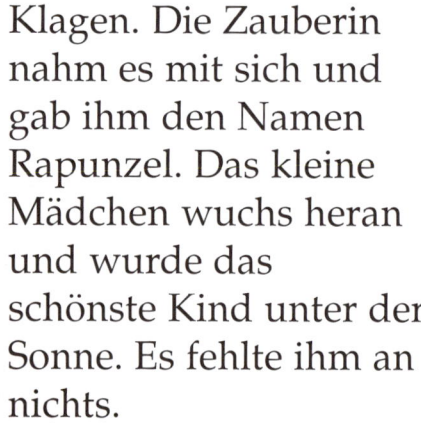

Als Rapunzel zwölf Jahre alt war, führte die Zauberin das Kind in einen hohen Turm, der hatte weder Treppe noch Tür. Dort schloss sie es ein. Nur ganz hoch oben war ein Fenster. Wenn die Zauberin in den Turm wollte, so rief sie hinauf:

„Rapunzel, Rapunzel, lass dein Haar herunter!"

Das Mädchen hatte lange, prächtige Haare, fein wie gesponnenes Gold. Wenn sie die Zauberin vernahm, so wickelte sie ihre Haare um einen Fensterhaken und ließ sie bis zum Boden hinab. Und die Zauberin stieg daran hinauf.

Nach ein paar Jahren ritt der Sohn des Königs an dem Turm vorbei, da entzückte ihn eine liebliche Stimme. Es war Rapunzel, die in ihrer Einsamkeit sang. Aber der Prinz fand keine Tür zu dem Turm, so ritt er nach Hause. Doch jeden Tag kam er wieder, um der schönen Stimme zu lauschen. Eines Tages sah er die Zauberin.

Hinter einem Baum versteckt, hörte er, wie sie ihren Spruch aufsagte und den Turm hochstieg. Und am folgenden Abend versuchte er es auch:

*„Rapunzel, Rapunzel,
lass dein Haar herunter."*

Alsbald fielen die Haare herab, und der Königssohn stieg hinauf. Rapunzel erschrak gewaltig, als statt der Zauberin ein Mann zu ihr hereinkam. Doch der Königssohn sprach so freundlich zu ihr, dass sie ihre Angst verlor. Und als er sie fragte, ob sie ihn zum Mann nehmen wollte, da willigte sie ein. „Der wird mich lieber haben als die alte Zauberin", dachte sie.

„Wenn du zu mir kommst, bring jedes Mal ein Stück Seide mit. Daraus will ich mir eine Leiter flechten", sagte sie zu ihm. Und so besuchte er sie jeden Abend.

Nun kam es einmal, dass sich Rapunzel der Zauberin gegenüber versprach.

„Warum ist es nur so viel schwerer, Euch hochzuziehen, als wenn der junge Prinz zu mir hinaufsteigt?", fragte sie die Alte.

Da erblasste die Zauberin vor Zorn. „Also hast du mich betrogen!", schrie sie, nahm eine Schere und schnitt Rapunzel die langen Haare ab.

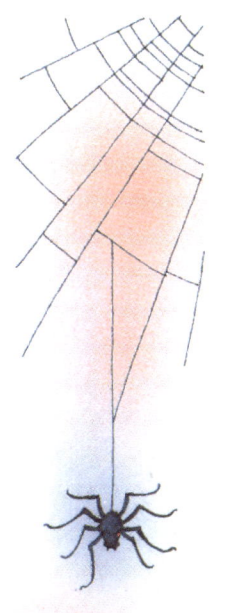

Es dauerte nicht lange, da rief der Prinz:

*"Rapunzel, Rapunzel,
lass dein Haar herunter."*

Doch als er hochgestiegen war, da fand er nicht Rapunzel, sondern die wütende Zauberin. Sie hatte die abgeschnittenen Haare heruntergelassen. Rapunzel aber hatte sie in eine öde Wüste verbannt, wo sie ganz allein leben sollte.

„Du wirst Rapunzel nie wieder sehen", rief die Alte höhnisch. Der Königssohn in seiner Verzweiflung stürzte sich den Turm hinab. Er kam mit dem Leben davon. Aber die Dornen, in die er fiel, zerkratzten ihm die Augen, sodass er blind wurde. Und so irrte er hilflos in der Welt herum.

Jahre später kam er auch in die Wüste. Dort lebte Rapunzel zwar traurig, aber doch nicht einsam. Sie hatte nämlich Zwillinge zur Welt gebracht, einen Jungen und ein Mädchen.

Der Prinz hörte ihre liebliche Stimme und sie war ihm so vertraut, dass er sogleich zu ihr fand. Rapunzel erkannte ihn und schloss ihn weinend in die Arme.

Da fielen zwei ihrer Tränen auf seine Augen, und wie durch ein Wunder konnte er wieder sehen. Überglücklich führte er sie heim in sein Königreich, wo man sie mit Freuden empfing. Und dort lebten sie mit ihren Kindern noch viele schöne und zufriedene Jahre.

Rumpelstilzchen

Es war einmal ein Müller, der war sehr arm, aber er hatte eine schöne Tochter. Eines Tages rief ihn der König zu sich, und da beging der Müller einen großen Fehler. Um sich wichtig zu machen und sich ein größeres Ansehen zu geben, sagte er zum König:

„Ich habe eine Tochter, die ist etwas ganz Besonderes. Sie kann etwas, das niemand kann."

„So?", sagte der König. „Was kann sie denn?"

Da antwortete der einfältige Müller ohne zu überlegen: „Stellt Euch vor: Sie kann wahrhaftig Stroh zu Gold spinnen."

„Das ist eine Kunst, die mir wohl gefällt", meinte der König. „Wenn deine Tochter so geschickt ist, wie du sagst, so bring sie morgen in mein Schloss. Da will ich sie auf die Probe stellen."

Am nächsten Morgen brachte der Müller seine Tochter zum Schloss des Königs. Das Mädchen ängstigte sich sehr. Noch viel größer jedoch war ihre Angst, als der König sie in eine Kammer führte und sprach:

„Siehst du das Stroh hier? Mach dich an die Arbeit. Wenn du bis morgen früh das Stroh nicht zu Gold gesponnen hast, wird es dir schlecht ergehen."

Die Kammer aber war bis oben hin voll Stroh und das Mädchen wusste sich nicht zu helfen.

Als der König die Kammer hinter ihr versperrt hatte, weinte sie bitterlich.

Da ging auf einmal die Tür auf und ein kleines Männchen kam herein und sprach:

„Guten Abend, Jungfer Müllerin, warum weint Ihr denn so sehr?"

„Ach", rief das Mädchen, „ich soll Stroh zu Gold spinnen und weiß nicht, wie das geht."

„Was gibst du mir, wenn ich dir's spinne?", fragte das Männchen.

„Mein Halsband", antwortete die Müllerstochter.

Das Männchen nahm den Lohn, setzte sich vor das Spinnrad und machte sich an die Arbeit.

Und schnurr, schnurr, schnurr, dreimal gezogen, da war die Spule voll. Und so ging es bis zum Morgen, da war alles Stroh versponnen und alle Spulen waren voll Gold.

Bei Sonnenaufgang schon kam der König. Und als er das Gold erblickte, staunte er und freute sich. Aber er konnte nicht genug davon kriegen.

Er ließ die Königstochter in eine noch größere Kammer voll Stroh bringen. Und auch dieses sollte sie zu Gold spinnen, wenn ihr ihr Leben lieb war. Wieder half ihr das Männchen und bekam als Lohn den Ring des Mädchens.

Aber dem König reichte das viele Gold immer noch nicht. Er brachte das Mädchen in eine noch viel größere Kammer voll Stroh.

„Wenn du auch dieses zu Gold verspinnst, so will ich dich zu meiner Frau machen", sagte er.

Und auch in der dritten Nacht kam das Männchen und sprach:

„Was gibst du mir, wenn ich dir helfe?"

„Ich habe nichts mehr, dass ich dir geben könnte."

„So will ich dein erstes Kind, wenn du Königin geworden bist!"

Das arme Mädchen stimmte zu. Es hatte ja auch keine andere Wahl.

Als am Morgen der König kam und alles fand, wie er gewünscht hatte, hielt er sein Versprechen. Er ließ die Hochzeit ausrichten und so wurde die schöne Müllerstochter Königin.

Im Jahr darauf brachte die junge Königin ein Kind zur Welt. Und als sie es glücklich in den Armen hielt, stand plötzlich das Männchen vor ihr und sprach:

„Nun gib mir, was du mir versprochen hast."

Da bot sie ihm in ihrer Not alles Gold des Königreichs an.

Das Männchen wollte nicht, aber als die Königin zu weinen anfing, bekam es Mitleid. „Drei Tage lasse ich dir Zeit. Wenn du bis dahin meinen Namen kennst, dann sollst du dein Kind behalten."

Im ganzen Land ließ da die Königin nach Namen suchen und sagte sie nachts vergeblich dem Männchen auf: Kaspar, Melchior, Rippenbiest, Hammelswade und Schnürbein.

Am dritten Tag berichtete ein Bote von einem Männchen im Wald, das herumsprang und schrie:

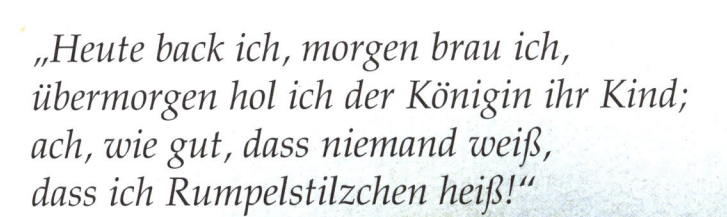

*„Heute back ich, morgen brau ich,
übermorgen hol ich der Königin ihr Kind;
ach, wie gut, dass niemand weiß,
dass ich Rumpelstilzchen heiß!"*

Und in der Nacht, als das Männchen wieder fragte: „Nun, wie heiße ich?", da sagte die Königin:
„Heißt du Kunz?"
„Nein!"
„Heißt du Hinz?"
„Nein!"
„Heißt du etwa ... Rumpelstilzchen?"

„Das hat dir der Teufel gesagt!", schrie da das Männchen. Vor Zorn stampfte es mit dem Fuß so heftig auf den Boden, dass es darin versank.